Georges d'Avenel

L'Éclairage

Mécanismes de la Vie moderne

ISBN : 978-1979679404

10 9 8 7 6 5 4 3 2 1

Georges d'Avenel

L'Éclairage

Mécanismes de la Vie moderne

Table de Matières

Introduction

Cette partie de la terre que nous habitons se place d'une manière si maladroite, — il faut en convenir, — pour recevoir la lumière du soleil, que nous y voyons plutôt trop pendant quelques mois de l'année, tandis que pendant d'autres mois nous sommes, seize heures sur vingt-quatre, plongés dans l'obscurité. Ce manque d'équilibre est d'autant plus choquant que la constitution physique de l'homme ne lui permet pas de se plier à cette distribution intermittente de l'éclairage naturel. Ses besoins de sommeil sont réguliers ; il ne saurait, comme certains animaux, faire en hiver des provisions de vie pour l'été, et la longueur des nuits dans la saison noire est presque double du temps nécessaire à son repos.

Section I

Les êtres civilisés ont dû prendre, de vieille date, le parti de se passer d'un astre qui s'allume et s'éteint sans nul souci de leurs exigences ; mais, jusqu'à nos jours, leurs efforts pour le remplacer n'avaient pas été couronnés d'un grand succès. L'huile extraite de certains végétaux et les torches de résine suffirent à l'antiquité, la chandelle de suif vint des barbares du nord. La chandelle de cire ou « cierge », que l'on appelait communément la « bougie », demeura au moyen âge le luxe des riches ; et comme cette « bougie » de cire coûtait de 12 à 20 francs le kilogramme — en monnaie actuelle — du XIIIe au XVIe siècle, et qu'elle ne descendit pas au-dessous de 10 francs, de 1600 à 1789, les riches eux-mêmes n'en usaient qu'avec une extrême réserve. Sous Louis XIV, la duchesse de Bourgogne avouait n'avoir eu de bougie dans son appartement que depuis qu'elle était à la cour de France.

Réduits à la lumière de l'huile, les Égyptiens ou les Grecs ne possédaient même pas d'appareil convenable pour l'utiliser : la lampe romaine n'est autre chose qu'une veilleuse, un bol, où trempe une mèche de coton. L'huile n'était jamais fournie à la mèche en quantité suffisante, car la capillarité du coton était le seul moyen de l'élever jusqu'à la flamme. Celle-ci consistait en une lueur rougeâtre, accompagnée d'un perpétuel filet de fumée et d'une odeur âcre et irritante. Durant quatre mille ans, les lampes de nos pères ont inexorablement filé. Depuis l'origine du monde jusqu'à la fin du XVIIIe siècle, quoique l'on eût découvert tant de choses, produit de si merveilleux chefs-d'œuvre, déployé tant de courage et de génie, on n'avait pas encore enfanté le verre de lampe ni le quinquet. L'imagination des artistes s'était exercée sur l'architecture du récipient, qui avait pris des formes exquises, s'était embelli de riches ciselures ; mais ces lampes, pour belles qu'elles fussent, continuaient à n'éclairer pas.

La classe aisée les délaissa donc pour la chandelle, dont les personnes gênées économisèrent les « bouts » ; il n'y eut plus que les très pauvres gens ou les avaricieux à employer des lampes. Au XVIIe siècle, Tallemant estime peindre d'un trait caractéristique la ladrerie d'un de ses contemporains, lorsqu'il révèle que « chez lui on ne brûle que de l'huile » ! Cette huile à brûler, tirée des noix, du lin, du pavot, du poisson, était elle-même beaucoup plus chère que notre moderne huile de colza. Elle se vendait à l'époque féodale, — évaluée en monnaie de nos jours, — 3 et 4 francs le kilo. Plus tard son prix diminua, parce que les procédés de fabrication se perfectionnèrent et que l'on utilisa des graines nouvelles ; cependant elle valait encore 2 francs au moment de la Révolution, tandis qu'elle est aujourd'hui cotée 60 centimes, dans les mercuriales, et qu'à Paris, au détail, malgré les impôts qui la grèvent, elle ne dépasse pas 1 fr. 20. L'huile était donc une lumière coûteuse dans un ménage rural ; pour l'épargner, le pauvre avait recours à la chandelle de résine piquée sur les landiers de fer. Cette résine, à 1 franc le kilo, éclairait assez la chaumière pour permettre de prier, de causer, de chanter om d'écouter des histoires. même, comme on ne veillait aux champs qu'en hiver et comme le bois, jadis, était aussi bon marché que le luminaire était onéreux, on se contentait souvent de la flambée du feu dans l'âtre. La résine servait aussi à éclairer les citadins dans les rues ; jusqu'à l'invention des lanternes publiques le bourgeois cheminait sa torche en main, le seigneur la faisait porter par son page qui le précédait.

Nos pères obviaient au prix énorme de la chandelle, que les épiciers actuels vendent 1 franc le kilogramme, tandis qu'elle se payait dans les siècles précédents 2 fr. 50 et 3 francs de notre monnaie, en la faisant aussi légère que possible. Il existait, à côté de la chandelle cossue, dite « des quatre », — c'est-à-dire de 4 à la livre. — la chandelle « des six », « des douze », voire « des seize » à la livre. La première était un peu plus grosse que notre bougie de stéarine ; la dernière était trois fois plus mince, chandelle de gueux, sorte de rat-de-cave, qu'il fallait moucher à tout instant. Ces chandelles étaient d'un jaune sale, couleur de vieille graisse ; on essaya plus d'une fois de les blanchir, mais un préjugé bizarre roulait que la chandelle blanche « ne fût pas autrement d'un bon usage » ; et d'ailleurs le gouvernement s'opposait à la création de qualités supérieures, que les marchands eussent cherché à vendre plus cher que la taxe. Car la chandelle était taxée et la *vente* du suif strictement réglementée. Mais la *production* du suif ne l'était pas ; aucune loi n'ayant été trouvée capable d'obliger, sous peine d'amende, les moutons et les bœufs à fournir une quantité raisonnable. Or les bêtes étiques d'autrefois, parcourant en foule des pâtures que l'on nommait « vaines », et qui étaient telles en effet, n'avaient souvent que la peau sur les os. Aussi les peaux se trouvaient-elles abondantes et les objets de cuir à bas prix ; mais la graisse faisait défaut et se vendait, séparément, jusqu'au double de la viande de boucherie. De là vient que les souliers étaient pour rien et que les chandelles étaient précieuses.

Les générations passées ont-elles souffert de cet état de choses ? Au moyen âge l'obscurité du soir ne devait pas apporter une bien grande gêne dans des maisons où, même en plein midi, on y voyait peu. Les fenêtres exiguës, garnies de toiles cirées ou de châssis de papier, mesuraient parcimonieusement le jour ; c'est que l'air entrait forcément avec la lumière, par ces ouvertures mal closes, et, pour ne pas souffrir du froid, l'on devait rationner la clarté. L'usage des verres à vitre ne s'est généralisé que depuis trois cents ans ; au début du règne de Louis XV, dans bien des maisons de Paris, on vitrait encore en papier les fenêtres donnant sur les cours de service. Depuis que, avec les progrès du confort, les habitations modernes se sont laissé librement pénétrer par le soleil, la lumière artificielle dont les privilégiés d'autrefois se contentaient semblerait dérisoire aux plus déshérités d'aujourd'hui. Il n'est si modeste fermier actuel qui, avec sa lampe de pétrole, ne soit mieux éclairé que le châtelain d'il y a deux siècles ; au palais de Versailles, sous le grand roi, même aux jours de gala et de « grand couvert », la cire multipliée dans les lustres demeura bien loin de l'illumination que l'on obtient chaque soir, à petits frais, au *Café du Commerce*, dans le moindre chef-lieu d'arrondissement. Grâce à cette clarté partout répandue le long des voies publiques et à l'intérieur des maisons, l'homme des villes devient maître de se tailler, parmi les vingt-quatre heures, la journée qu'il lui plaît de vivre, en plaçant le soir au moment où il veut dormir. Pour lui l'on ne sait si midi doit s'appeler tard ou minuit de bonne heure ; il n'est plus esclave du soleil.

La révolution sur ce terrain est toute récente ; l'électricité a quinze ans, le pétrole vingt ans, le gaz cinquante, et de nouvelles sources de lumière ou de nouvelles manières d'employer les sources anciennes sont découvertes tous les trois ou quatre ans. Cette révolution a été si rapide que, dans le court espace d'un siècle, plusieurs inventions — dont une seule eût suffi jadis à renouveler pour une longue période l'industrie de l'éclairage — ont surgi, lutté, grandi, ont été proclamées éternelles… et sont mortes ou vont mourir, dédaignées, repoussées, vaincues par des inventions nouvelles. De ce nombre furent les lampes à huile, l'huile tirée du colza, et la bougie tirée de la stéarine, appareils ou produits qui avaient eux-mêmes, de 1790 à 1840, remplacé ceux d'autrefois : huiles trop coûteuses, lampes trop naïves.

Section II

La cire a, depuis longtemps, été battue par la stéarine ; les églises seules, où elle constitue une tradition, sinon une nécessité liturgique, la maintiennent sur leurs autels. Si l'entretien des parquets, le modelage, les pièces anatomiques ou les onguents de pharmacie n'exigeaient pas l'emploi de la cire, l'apiculture aurait renoncé à ses opérations bucoliques ; d'autant que le miel a perdu, par le bas prix du sucre et des glucoses, la plupart de ses usages, et que la cire des abeilles elle-même rencontre des rivales sérieuses dans les cires recueillies sur certains arbres exotiques : raphia de la Réunion, coccus de Chine, ou palmier du Brésil.

La chandelle a tenté de se défendre par le bon marché : elle u revu le suif de mouton, qui sous l'ancien régime s'y faisait maintes fois remplacer frauduleusement par le suif de bœuf. Elle a substitué, à la grosse mèche fumeuse, des tresses de coton supprimant le mouchage et, présentée au public, non plus dans son classique papier jaune, — le papier à chandelles, — mais dans des caisses avenantes, elle espérait sans doute se faire passer pour bougie. C'a été son dernier et infructueux effort avant de sombrer ; elle est descendue, pour n'en plus sortir, dans les caves des marchands de vins, où les tonneliers l'emploient à étancher les futailles qui suintent.

La vénérable et infecte lampe à huile n'avait pas opposé de résistance ; elle s'évanouit, sous Louis XVI, aussitôt que le physicien genevois Argand eut imaginé la lampe à double courant d'air connue sous le nom de *quinquet*. Nouveau Colomb, Argand trouva un nouvel Améric Vespuce en la personne du subtil Quinquet, pharmacien du quartier des Halles, à Paris, qui lui vola son idée, en tira profit et gloire, tandis que mourait en 1803, dans un état voisin de la misère, le véritable inventeur.

Voyez-vous cette lampe où, muni d'un cristal,

Brille un cercle de fer qu'anime l'air vital ?

Tranquille avec éclat, ardente sans fumée,

Argand la mit au jour et Quinquet l'a nommée.

Ce quatrain vengeur décrivait ainsi très exactement le nouvel appareil qui, en 1784, était apparu dans la salle de la Comédie-Française, aux yeux d'un public émerveillé de voir une lampe « éclairant à elle seule comme dix ou douze bougies réunies ! » L'absence de fumée pendant la combustion, qui excitait l'enthousiasme, était due à une connaissance plus parfaite des propriétés de la « flamme ». Lavoisier venait de consulter ce fait capital que les parties formant l'intérieur d'un cône lumineux ne servaient à rien, parce qu'elles n'éprouvaient pas l'action de l'oxygène atmosphérique, et que, seules, les parties extérieures, en contact avec l'air, servaient à l'éclairage. Afin de mettre la flamme, sur toute sa surface en communication intime avec l'air, Argand adopta une mèche circulaire, glissée entre deux tubes de métal et dont l'extrémité allumée baignait ainsi, au dedans comme au dehors, dans l'atmosphère ambiante. Pour activer le courant d'air, stimulant de la combustion, l'inventeur surmonta sa lampe d'un tuyau, d'abord en tôle, placé à une certaine distance au-dessus de la flamme, puis en verre, lorsqu'il fut parvenu à faire exécuter dans les fabriques d'alors, fort rudimentaires, des cylindres de verre qui ne volassent pas en éclats dès la première impression de la chaleur.

Les principes sur lesquels était fondée la construction de ce porte-mèche n'ont pas varié jusqu'à nos jours ; elle-même cette « lampe à tringle » reparut, après une éclipse de soixante ans, dans sa pureté primitive, sous la forme de ces lampes nickelées, dites « anglaises », qui foisonnèrent il y a une douzaine d'années dans les salons, et ne disparurent que le jour où leur bon marché les eut de nouveau rendues méprisables. Les perfectionnements introduits ont uniquement consisté dans la manière de faire arriver l'huile jusqu'au bec. Placée au milieu d'une pièce, sur la table de famille, la lampe d'Argand, par son réservoir latéral, interceptait une partie de sa propre lumière. L'une des combinaisons tentées pour satisfaire le public consista à loger l'huile dans une sorte de rigole, servant de supporta l'abat-jour et placée exactement à la hauteur de la mèche qu'elle alimentait par deux conduits. Ce système eut son heure de vogue, sous le nom ambitieux de « lampe astrale », jusqu'à ce que l'horloger Carcel fût parvenu à placer le réservoir sous la lampe.

Sur l'enseigne d'une modeste boutique de la rue de l'Arbre-Sec, dans les derniers mois de 1800, on lisait : « B.-J. Carcel, inventeur des *lycnomènes*, ou lampes mécaniques, fabrique lesdites lampes. » Après mille essais, où il perdait son temps, au grand désespoir de sa femme, Carcel avait imaginé une pompe minuscule, actionnée par un mouvement d'horlogerie, qui faisait monter l'huile depuis le fond du vase jusqu'à la mèche. Améliorées ensuite par Gagneau qui, au lieu d'une pompe, en mit deux, les lampes Carcel subsistent encore chez les partisans passionnés des méthodes antiques. Leur prix élevé, leur mécanisme fragile, exigeant des réparations délicates et sujet à des dérangements périodiques, avaient incité depuis longtemps les gens modestes à abandonner les carcels pour les *modérateurs*. Cette dernière lampe, inaugurée sous Louis-Philippe, remplaçait les rouages de pendule de la précédente par la simple action d'un ressort à boudin agissant sur un piston. Elle est délaissée à son tour, usitée seulement dans les bureaux des ministères, après avoir éclairé la première moitié de vie de tout homme aujourd'hui dans l'âge mûr. Qui de nous, sauf les lampistes, dont l'espèce est décimée par le manque d'ouvrage, pourrait regretter ces machines qu'il fallait surveiller sans cesse, dont le lent allumage exigeait tant de patience, dont le charbonnage était si pénible, et le réglage, par la juste position du verre, si méticuleux ; sans compter que l'oisiveté leur était plus funeste que le travail et qu'elles ne marchaient bien qu'à la condition de marcher tous les jours.

Ces défauts, auxquels ils se résignaient, étaient ressentis à coup sûr par nos contemporains, car, depuis les innovations récentes, l'usage de l'huile a diminué des trois quarts. Le colza pourtant est, comme on l'a vu, de bien moindre prix que tous les similaires antérieurs ; mais il est beaucoup plus cher que le pétrole ou l'électricité. De 185a à 1889, la consommation de l'huile à Paris avait baissé de 60 pour 100 ; de 1889 à 1893 elle est encore tombée d'un tiers : de 6 à 4 millions de kilos par an pour l'ensemble de la capitale. Aussi la surface consacrée en France à la culture du colza, qui était de 200 000 hectares en 1862, s'est-elle graduellement réduite à 40 000 hectares, expulsée peu à peu de la carte agricole : comme tant d'exploitations rurales, dont l'avènement marque un progrès et l'effacement un autre progrès, supérieur au premier.

Une industrie, dont le succès et l'abandon auront été également utiles, un de ces luminaires qu'ignoraient nos ancêtres et que ne connaîtront sans doute plus nos petits-enfants, est celui de la bougie *stéarique*. Pour fabriquer la bougie, au lieu d'employer le suif complet, tel qu'il sort du fondoir, on commence par en extraire une partie liquide, l' « oléine », partie la plus éclairante, dit-on, de la graisse animale, mais dont le départ seul a pu transformer la molle chandelle, coulant avec un déplorable laisser-aller, en une bougie sèche et solide. Un chimiste de Nancy, Braconnot, comprimant, vers 1818, de la graisse de mouton sous une petite presse, en retira un jus huileux ; Chevreul et Gay-Lussac trouvèrent ensuite le procédé convenable pour décomposer le suif en trois substances : oléine, stéarine et margarine. L'oléine est aujourd'hui employée au travail des laines et à la fabrication des savons ; la margarine, mêlée à des huiles étrangères et souvent à notre crème nationale, devient ce fâcheux « beurre de bœuf » que les lois ont peine à démasquer ; la stéarine enfin, coulée en moules, forme les bougies actuelles. La même marchandise sert ainsi, suivant le traitement qu'elle subit, à préparer les draps, à nettoyer, à nourrir et à éclairer, et la chandelle de nos aïeux se retrouve dans nos redingotes, sur nos toilettes, dans nos estomacs et dans nos flambeaux.

Les premières bougies stéariques parurent à l'exposition de 1834. Il avait fallu neuf années d'efforts pour que la théorie scientifique entrât dans le domaine efficace de la pratique. La combustion de ce petit rouleau blanc, qui paraît si simple, est le résultat d'une série d'artifices fort ingénieux. On fut d'abord arrêté par la difficulté d'extraire économiquement la stéarine de la masse du suif ; certaines méthodes étaient trop chères, certaines autres trop dangereuses. Parvenus, par l'emploi de la chaux et des presses hydrauliques, à se procurer leur matière première dans l'état de pureté voulue, les manufacturiers se trouvèrent fort empêchés d'en tirer parti. Ils étaient paralysés par la question des mèches ; les unes s'engorgeaient, les autres se corrodaient ; de sorte que tantôt la bougie coulait et tantôt elle s'éteignait. Obtenir, grâce à un tressage très curieux du coton et à son immersion préalable dans l'acide borique, ces lacets qui se recourbent lentement sur eux-mêmes et disparaissent sans laisser de trace, à mesure que la bougie se consume, n'a pas été un mince problème à résoudre.

Les perfectionnements apportés depuis soixante ans à la stéarinerie laissent aujourd'hui aux fabricants le choix entre plusieurs systèmes dont chacun a ses avantages : ainsi la distillation a permis de transformer en acides concrets, propres à l'éclairage, non plus seulement les suifs, mais les résidus des huiles d'olive ou de poisson, les graisses dites *de boyaux*, provenant des raclures d'intestins, celles que l'on retire des os, ou du désuintage des draps, ou même des eaux grasses de restaurant. A ces déchets impurs et noircis on peut joindre l'huile de palme, que l'Afrique fournit en abondance ; et le tout, convenablement traité, fournit des produits qui ne diffèrent en rien des suifs frais.

Seulement ces améliorations de l'outillage, et les abaissements successifs de prix dont la bougie a été l'objet, ne l'empêchent pas d'être vouée à une irrémédiable décadence. Comme le colza, la bougie vend ses services trop cher, et ce qui est vrai du premier l'est bien davantage de la seconde, dont la lumière coûte *quatre fois plus* que celle de l'huile. Un illustre électricien s'amusait à dire que, si la chandelle faisait aujourd'hui sa brusque apparition dans le monde, elle serait regardée comme une admirable trouvaille. « On ferait valoir ses immenses avantages, permettant à chacun d'avoir aisément de la lumière sous la forme la plus portative, sans machinerie encombrante et sans l'inconvénient d'obliger à relier une lampe à un point déterminé, à l'aide de fils, avant de pouvoir s'éclairer. »

Cette complexité est le propre même de lit civilisation ; rien n'est moins combiné et plus naturel que l'état sauvage. L'existence matérielle de l'homme policé s'enrichit de mille besoins délicieusement factices ; aussi bien le cerveau de l'homme cultivé ne s'encombre-t-il pas d'idées inutiles qui font tout le charme de son être ? Il serait plus simple de voyager à cheval, voire à pied, si l'on devait, avant de partir, construire la locomotive ; comme il n'est pas nécessaire de canaliser soi-même l'électricité avant d'en jouir, il est beaucoup plus aisé et plus agréable de tourner le bouton d'un commutateur que d'allumer une bougie avec un morceau de bois enduit de phosphore. C'est précisément parce que l'électricité n'est pas jusqu'ici à la portée de tous, que la bougie existe encore ; mais sa place est de plus en plus bornée, et l'on voit une preuve de sa déchéance, dans le rôle déjà presque insignifiant qu'elle joue à Paris, où elle ne représente pas *le centième* de l'éclairage total.

Un temps viendra sans doute où, de la bougie, on n'emploiera que le *nom*. Elle servira seulement à *mesurer* l'intensité des diverses clartés artificielles. Aux étalons du système métrique pour les surfaces, les contenances et les poids, sont venues, depuis un siècle, s'ajouter des bases nouvelles pour compter la vitesse, la force et la lumière. L'étalon lumineux, aujourd'hui consacré, est dû à M. Violle, l'éminent physicien : c'est la lumière émise par un centimètre carré de platine incandescent, au moment de sa solidification. Cette clarté est égale à celle de deux lampes carcel — exactement 2 carcels 06 — ou de vingt bougies ordinaires de stéarine. Le nouvel étalon ne dérange donc pas l'habitude où nous sommes de calculer en bougies ; mais il a l'avantage de substituer à la carcel et à la bougie commerciales, dont l'éclat variable dépend de plusieurs causes — pour les lampes, qualité des mèches et pureté de l'huile ; pour les bougies, densité de la stéarine et nature de la composition, s'il s'agit d'une bougie de *paraffine* ou de *spermaceti*, sortant, la première des entrailles de la terre, mêlée au pétrole, la seconde du sein des mers, extraite de la cervelle du cachalot ; — à cette bougie commerciale, il substitue une bougie *mathématique*, puisqu'elle est le 20ᵉ d'un étalon de laboratoire, toujours semblable à lui-même.

Si nous évaluons ainsi en bougies la lumière artificielle de Paris, comme l'on évalue en chevaux-vapeurs la puissance des machines, nous voyons que le luminaire annuel de cette ville, représenté par le gaz, le pétrole, l'électricité, l'huile et la bougie, atteint le total de *35 milliards 205 millions de bougies-heure*, ce qui signifie que l'éclairage annuel de la capitale, tant public que privé, correspond à une bougie qui brûlerait pendant 35 milliards d'heures — 4 millions d'années — ou à 35 milliards de bougies brûlant pendant une heure. C'est environ 30 bougies-heure par habitant et par jour.

Jetons un regard en arrière ; nous apprécierons mieux l'étendue du progrès réalisé : il y a vingt ans (1877) l'éclairage parisien ne consistait qu'en 13 milliards de bougies-heure ; il n'équivalait pas, en 1855, à plus de 442 millions de bougies. On peut estimer, comme il augmente sans cesse, que, depuis le milieu de ce siècle jusqu'en 1900, il aura *centuplé*. Et si la même statistique, facile à faire pour Paris, où les quantités de lumière consommées sont exactement connues par les comptes de l'octroi et des compagnies de gaz et d'électricité, pouvait être entreprise pour l'ensemble du territoire français, je suis persuadé que les résultats n'en seraient pas moins surprenants.

De ces 35 milliards de « bougies-heure », les bougies stéariques brûlées à Paris ne constituent que 331 millions ; mais s'ils forment moins du centième du pouvoir éclairant, les 360 000 quintaux de stéarine absorbent une proportion quinze fois plus forte de la dépense d'éclairage. C'est qu'en prenant pour base le prix de 90 centimes, auquel est vendue la livre, ou mieux les 485 grammes de bougie ordinaire, — je ne m'occupe pas des marques spéciales qui profitent de la superstition du public, — les 11 grammes consommés à l'heure coûtent un peu plus de 2 centimes par bougie.

Dix bougies reviennent donc à 20 centimes par heure, tandis que les mêmes dix bougies, fournies par l'huile de colza, coûtent quatre fois moins — 5 centimes — par le pétrole, huit fois moins — 2 centimes et demi — par le gaz, à l'état naturel, 3 centimes et, dans les becs du système Auer, *un demi-centime* environ ; enfin, par l'électricité ces dix bougies se paient de 4 à 1 centime, suivant que le courant est utilisé dans des lampes à incandescence ou dans des lampes à arc. Il est ainsi, dans la même ville, des sources de lumière dont les unes sont dix, vingt et jusqu'à *quarante fois moins onéreuses* que les autres.

Au-dessus de la bougie, dans l'échelle lumineuse, se place l'huile de colza : les 4 millions de kilogrammes qu'absorbent les lampes parisiennes représentent 994 millions de bougies-heure. Montons plus haut : voici l'électricité dont la consommation égale 1 740 millions de ces bougies ; c'est peu de chose encore auprès des 7 milliards de bougies que donnent les 25 millions de kilogrammes du pétrole. Le gaz enfin avec les 270 millions de mètres cubes, que les sept usines de la compagnie envoient chaque année dans les 77 000 lanternes publiques et dans les 2 millions de becs privés, fournit un contingent de 25 milliards de bougies-heure, plus des deux tiers de l'éclairage général.

Les réverbères de modèles variés, répartis dans les rues et les promenades, ne prélèvent pour leur part qu'un sixième — 46 millions de mètres, — du gaz consommé à l'intérieur des fortifications. Le reste n'est cependant pas affecté à produire seulement de la lumière. Il existe nombre de fourneaux, de cheminées, de petits moteurs alimentés par le gaz. En supposant consacré à ces divers usages le gaz brûlé pendant « l'émission de jour », c'est-à-dire depuis l'extinction matinale des voies publiques jusqu'à l'heure de leur allumage, gaz dont la quantité forme près du tiers de la fabrication, les deux tiers restants, employés à l'éclairage, donnent encore un chiffre de bougies supérieur à celui que j'ai indiqué pour l'ensemble. Le calcul en effet est établi sur une dépense de 105 litres de gaz pour dix bougies-heure ; or cette dépense, exacte dans les becs ordinaires, est cinq fois moins forte ou, pour mieux dire, l'intensité lumineuse est cinq fois plus grande dans les becs du genre Auer. Il n'est pas possible de connaître le chiffre de ces manchons incandescents, actuellement en service chez les particuliers ; mais on peut affirmer que le supplément de clarté ainsi obtenu dépasse de beaucoup la somme du gaz affecté à d'autres destinations que la lumière.

Section III

Ce gaz de houille, que l'on croyait il y a quelques années si gravement atteint par les progrès électriques et menacé d'une chute prochaine, avait eu grand'peine en son temps à se faire accepter par le public. Deux phrases, à quatre-vingts ans de distance l'une de l'autre, peignent les difficultés qu'il eut à vaincre, autrefois, pour conquérir sa place, aujourd'hui, pour ne pas la perdre : deux phrases, dont la première condamne le gaz parce qu'il est trop jeune et la seconde parce qu'il est trop vieux. Et le plus piquant est que ces deux phrases n'en font qu'une ; elles sont identiques : *« No gas used here ! »* — *« On n'emploie pas de gaz ici. »* — *Voilà ce que l'on lisait à Londres, en 1810, imprimé en gros caractères sur l'affiche d'un théâtre dont le propriétaire croyait, par cet avis, attirer plus de monde en rassurant les gens timides, partisans des quinquets, qui craignaient les explosions ou les asphyxies que la nouvelle lumière passait pour occasionner. Et voilà ce qu'on pouvait lire encore, en 1890, dans la capitale de l'Angleterre, sur une réclame qui recommandait aux voyageurs les avantages du Savoy-Hotel, exclusivement éclairé à l'électricité.*

Depuis la découverte du gaz de bois, accomplie au début du siècle par l'ingénieur français Philippe Lebon, dont la vie, abreuvée d'amertumes, se termina par une mort tragique, une nuit de décembre, dans les Champs-Elysées déserts ; depuis que la veuve de cet inventeur, à qui le gouvernement avait donné une pension de 1200 francs, usait ses dernières ressources à confectionner les *thermolampes* ; depuis l'emploi, par l'Anglais W. Mardoch, du charbon de terre distillé pour la production de l'éclairage, jusqu'à l'heure actuelle ou 1100 villes françaises, englobant le tiers de la population, usent annuellement 700 millions de mètres cubes de gaz, les progrès de la fabrication ont marché de pair avec ceux de la consommation. On est parvenu à extraire « l'esprit de houille », aussi complètement et aux moindres frais possibles.

Avant de traverser la Seine, au pont d'Asnières, le chemin de fer de Versailles longe l'usine la plus importante de la compagnie du gaz, celle de Clichy, qui fournit le tiers de la production parisienne, jusqu'à 450 000 mètres cubes en vingt-quatre heures, dans la saison des longues nuits. Les besoins de lumière artificielle varient fort, on le conçoit, suivant les mois et, dans chaque mois, suivant la pureté du ciel. Un temps continuellement clair à l'automne est une perte sèche pour les actionnaires du gaz : il retarde l'allumage de 20 ou 30 minutes chaque jour. Au contraire tout ce qui porte le public à se coucher tard est favorable aux recettes de la compagnie. C'est dans la veillée de Noël ou du jour de l'an que se place le maximum de dépense : environ 1 800 000 mètres cubes.

Un point important pour l'industrie gazière est le choix de la houille : tous les charbons ne sont pas propres à faire du gaz. Des exploitations minières très vastes n'en contiennent aucun que l'on puisse avantageusement employer à cette fin ; Anzin, depuis quinze ans, n'en possède plus. Le « charbon à gaz » idéal devrait être doué d'un grand pouvoir éclairant et laisser, après distillation, de bon coke pour le chauffage. Il faut ici tirer deux moutures du même sac ; le prix de revient du gaz dépendant, pour une grosse part, du bénéfice que procure la vente des produits accessoires. On concevra l'importance de ces « sous-produits », par ce détail que 3 kilos 300 grammes de houille, dont le prix est d'environ 7 centimes, rendent un mètre cube de gaz épuré, après l'extraction duquel le coke, le goudron et les eaux ammoniacales représentent encore une valeur de 6 centimes 40, presque égale à celle de la houille avant d'être dépouillée de son gaz.

Comme il n'existe pas de charbon réunissant toutes les qualités souhaitables, la compagnie, qui en distille annuellement un million de tonnes pour obtenir les 310 millions de mètres cubes de gaz qu'elle distribue à Paris et à la banlieue, mélange les sortes grasses, précieuses pour le coke, qu'elle tire du Pas-de-Calais, avec le *cannel-coal*, inconnu en France, qu'elle achète fort cher dans le nord de l'Angleterre et en Ecosse, afin d'améliorer la qualité lumineuse de l'ensemble. Ce coupage est indispensable, pour obéir aux prescriptions qui imposent au mètre cube de gaz un minimum de *pouvoir éclairant* ; trois vérifications sont faites chaque soir, à une demi-heure d'intervalle, par les ingénieurs du service municipal, pour constater à ce point de vue la stricte exécution du cahier des charges. Le gaz parisien possède un éclat supérieur de 6 pour 400 à celui de Berlin et inférieur de 5 pour 100 à celui de Londres, favorisé par la proximité des mines de *cannel-coal*.

Les frais de transport jouent un assez grand rôle pour que la compagnie ait avantage à s'approvisionner dans le bassin de l'Artois, plutôt que dans celui de la Loire, dont les charbons, pourtant supérieurs, sont plus éloignés de la capitale. A Clichy, les bateaux se rangent le long des berges de la Seine, où la grue, actionnée par un moteur à gaz, élève leur contenu jusqu'à un viaduc de 25 mètres de haut, et le vide dans des wagonnets, qu'une locomotive emporte vers les *cornues*. On appelle ainsi les compartiments, étroits et longs, des fours en brique réfractaire — 3 mètres sur 60 centimètres — où le charbon va cuire comme la pâte dans le four du boulanger. Au lieu de la pelle plate du mitron, le gazier, pour l'enfournage, se sert de la *cuiller*. Cette *cuiller* est un demi-cylindre en tôle, à peu près de même dimension que la cornue ; trois hommes, après l'avoir remplie, l'enfilent dans le four où ils la versent, en tournant la poignée du manche resté en dehors. Après quoi, ils retirent cette pelle monstre, qu'ils rempliront à nouveau pour donner sa ration à un autre four, après avoir hermétiquement clos la porte du précédent. Ces chargeurs, dont la besogne, assez pénible, exige d'ailleurs plus de force que d'intelligence, sont des privilégiés parmi les 4 500 ouvriers de l'usine, où les moins rémunérés ont un salaire de 5 francs. Ceux-ci, payés à raison de 3 fr. 30 centimes pour 1 000 kilos de charbon, gagnent à peu près 12 francs par jour.

La distillation dure trois heures ; elle en durait huit autrefois et la quantité de gaz obtenu était moindre d'un cinquième. Pour activer le travail, on a poussé la température des cornues de 900 à 1 200 degrés. Au lieu de les chauffer directement par le coke, on se sert du coke pour produire un gaz comburant, l'oxyde de carbone, qui possède un plus grand pouvoir calorifique.

Les nouveaux fours sont construits avec une extrême ingéniosité : l'oxyde de carbone, pour brûler, a besoin d'air et, autant que possible, pour ne rien perdre de sa propre chaleur, d'air chaud. L'air est donc chauffé ; il est porté à 300 degrés centigrades, sans dépense, en traversant seulement une chambre dont les parois de brique ont été amenées au rouge, puis au blanc, par le passage des fumées du coke.

Aussitôt qu'il se dégage de la houille, le gaz d'éclairage doit être évacué hors des cornues. S'il demeurait dans cette atmosphère de 1 200 degrés où il prend naissance, il perdrait sa puissance lumineuse, parce que les myriades d'atomes de benzine, toluène, amylène ou autres carbures, répandus dans sa masse, que nous ne verrons pas, mais qui *seuls* nous éclaireront, brûleraient ici sans profit pour personne. On sollicite donc le gaz à venir dans les *condensateurs* ; on l'y contraint doucement par des pompes aspirantes — les *extracteurs* — qui agissent depuis la cornue jusqu'au *jeu d'orgue*. Ce dernier n'est autre chose qu'une rangée de minces tuyaux, qui se dressent en plein air à quelque distance des ateliers de distillation, sur la route que devra parcourir le gaz avant d'arriver aux *épurateurs*. A sa sortie des fours, ce gaz, dont chaque mètre cube est chargé de 175 grammes de goudron et mêlé à 23 centilitres d'eau ammoniacale, dépose, dans les premiers conduits où on le promène, la plus grande part de ces matières qui vont s'accumuler en des citernes souterraines. Il contient encore d'autres impuretés, comme la naphtaline, dont le débarrasse un refroidissement successif. On doit prendre garde, pour ne pas arracher le bon grain avec l'ivraie, de graduer la température de telle sorte qu'avec les mauvais éléments du gaz ne disparaissent pas les bons, les carbures qui donneront la clarté.

Les *jeux d'orgues*, ces tuyaux que le gaz doit parcourir un à un, montant et redescendant six fois de suite, continuent d'éliminer les corps étrangers. Il ne reste plus qu'à purger, par un laminage rapide et silencieux, de ses dernières molécules de goudron, le gaz rafraîchi par l'air en hiver, par l'eau glacée en été ; à le filtrer enfin dans une série de cuves, les unes pleines de sciure de bois humide, les autres remplies d'oxyde de fer, d'où il sort plus pur, dépouillé au passage des dernières traces d'acides nuisibles, digne de pénétrer dans le gazomètre, après avoir fait tourner un compteur géant. Là cette âme du charbon se reposera quelques heures, puis prendra le chemin de Paris, où elle sortira de son étui pour briller une seconde et rentrer dans le néant, abandonnant à l'atmosphère quelque vestige de gaz inerte et impropre à l'éclairage, que la nature utilisera un jour.

Les compteurs de Clichy sont au nombre de dix, ayant quatre mètres de long et autant de hauteur ; chacun suffit à alimenter 35 000 becs. La fabrication, marchant jour et nuit, est constante, nullement en rapport avec la consommation presque nulle à certaines heures, très active à d'autres. Les gazomètres servent à rétablir l'équilibre. Ces réservoirs consistent en une vaste calotte de tôle, plongeant dans un bassin plein d'eau. Ils sont élastiques ; à mesure que le gaz s'y introduit, par ces longs bras noirs qui les entourent et dominent les murs de l'usine, la cloche, dont le poids est exactement calculé pour n'opposer aucune résistance, se soulève et les tuyaux articulés la suivent dans son ascension. Lorsque le Parisien allume ses becs et que les récipients se vident plus vite qu'ils ne s'emplissent, la cloche, par son propre poids, s'abaisse et s'enfonce plus profondément dans son bain. Grâce à cette mobilité, le gaz se fait à lui-même sa place et n'a jamais plus de place qu'il ne faut. S'il était trop au large dans sa cage, l'air entrerait, se mêlerait à lui et provoquerait des explosions. Quoique les gazomètres soient au nombre de 62 dans les sept usines, ces singuliers amphibies dont les plus gros pèsent 750 tonnes, ont 56 mètres de diamètre et nagent dans des cuvettes de 30 millions de litres d'eau, ne contiennent pas, à eux tous, la consommation d'une journée d'hiver.

Il n'existe donc pas de provision de gaz tout fait ; mais la compagnie possède une quantité de charbon suffisante pour alimenter ses cornues pendant plusieurs semaines. La période de rémission intense du gaz est celle qui précède le dîner, de cinq heures et demie à huit heures du soir, aux mois de court soleil. A partir de ce moment, la sortie se ralentit ; les cuisines s'éteignent, les magasins ferment aussi, plus tôt qu'autrefois. C'est un progrès pour la classe des employés de commerce, qui voit augmenter la durée de son loisir.

La compagnie a trouvé par ailleurs d'amples dédommagements ; la matière éclairable est en effet susceptible de beaucoup d'extension. Sur les 83 000 maisons de Paris, 31 000 seulement sont jusqu'ici pourvues de gaz. Depuis trois ans, sans allonger beaucoup les canalisations sous les voies publiques, qui mesurent 2500 kilomètres, M. Godot, le très habile directeur du gaz, a su augmenter d'*un quart* le nombre de ses abonnés, dont l'effectif est aujourd'hui de 319 000. Ces nouveaux venus, pris isolément, ne sont pas de gros clients ; mais, par leur masse, ils remplaceront aisément l'élite des consommateurs opulents que l'électricité a conquis.

Pour placer avec plus de succès sa marchandise, l'administration du gaz avait, depuis longtemps, l'habitude d'installer à ses frais des « conduites montantes » dans les escaliers des maisons de location. Elle payait une prime de 50 francs aux appareilleurs, pour le recrutement de tout abonné nouveau et faisait aux particuliers, qui s'adressaient directement à elle, la remise en argent des 100 premiers mètres cubes brûlés. Enfin elle prêtait gratuitement à tous ceux qui les lui demandaient — ils sont aujourd'hui 214 000 — des fourneaux et des grillades à gaz.

Aiguillonnée par la concurrence, la compagnie s'est sagement avisée que les Parisiens, en sus du prix principal de 0 fr. 30 c. le mètre cube, avaient à payer des frais accessoires passablement onéreux. C'est ainsi qu'un robinet et un branchement — ce dernier consistant en un conduit de deux mètres de plomb, à 3 francs le mètre — sont comptés 1 fr. 50 c. par mois, tant pour *location* que pour *entretien*. La compagnie trouvait moyen par cette taxe de rentrer dans ses débours originels ; le public, qui comparait l'intérêt annuel de 18 francs au capital d'une vingtaine de francs que pouvaient valoir un méchant bout de tuyau et un robinet de cuivre, estimait le taux abusif ; joignez à cela les frais de location d'un compteur, chez ceux qui n'ont pas fait achat de cet instrument, il se trouvait que les petits consommateurs, brûlant moins de 30 mètres cubes par mois, arrivaient à payer leur gaz 0fr. 40 c. et plus, au lieu de 0 fr. 30. C'a été une mesure à la fois philanthropique et intelligente que d'exonérer de tous ces frais accessoires les locataires des appartements inférieurs à 500 francs par an, et cette initiative a été largement récompensée.

Le prix actuel du gaz est d'ailleurs, à Paris, tout à fait factice. Il se compose surtout d'impôts et de charges financières, dont la brève échéance de sa concession grève la compagnie exploitante. Pour *fabriquer* et *distribuer* le gaz, il n'en coûte pas plus — déduction faite de la vente du coke et autres « sous-produits » — de 9 centimes par mètre cube. Mais à ces chiffres s'ajoutent 7 centimes et demi de redevances à l'Etat et à la ville, sous forme de contributions fixes, de fournitures à moitié prix et de part dans les bénéfices, 7 centimes pour remboursement du capital social et des obligations qui doivent être amorties au 31 décembre 1905. Il reste aux actionnaires 6 centimes et demi qui, rapprochés de la *valeur primitive* des titres, constituent pour chacun d'eux un intérêt de 25 pour 100. Quelque chagrin que puissent éprouver nombre de personnes à voir ainsi des capitalistes largement récompensés, il faut en prendre son parti : il est presque impossible d'éviter que, de temps en temps, certaines affaires ne soient profitables. Le jour où les pouvoirs publics seraient parvenus, par une stratégie admirable, à supprimer toutes chances de gain pour qui passerait avec eux un contrat, il ne s'offrirait plus personne pour traiter et, réduits à opérer eux-mêmes, l'Etat ou les municipalités feraient bien vite l'expérience des dangers et des déboires de l'industrie. Le 1er janvier 1906, lorsque la concession en cours aura expiré, la ville de Paris et la compagnie du gaz se trouveront vis-à-vis l'une de l'autre comme deux individus qui posséderaient un couteau indivis ; au premier le manche, au second la lame. Le matériel souterrain deviendra propriété communale, les usines demeureront aux exploitants jusqu'à ce qu'ils aient été remboursés de la moitié de leur valeur, évaluée en totalité à 300 millions. Si l'administration municipale renonce à cette époque à une partie des sommes qu'elle perçoit aujourd'hui, elle se trouvera en mesure de fournir le gaz aux particuliers à la moitié de son prix actuel.

Section IV

Quel sera d'ailleurs, dans dix ans, l'éclairage de la Franco ? Avec les découvertes successives auxquelles nous assistons, il devient difficile de le prévoir. Malgré les perfectionnements dont il a été l'objet et qui ont diminué de moitié les fuites souterraines, réduit les frais de fabrication, utilisé jusqu'aux déchets des déchets, le gaz a traversé récemment une période critique. Ses jours, ou mieux ses nuits, semblaient comptés ; et l'on devait convenir en effet qu'une lumière du prix de 3 cent. 15 pour dix bougies-heure, comme est celle du gaz ordinaire dans la consommation privée, résisterait mal au bon marché du pétrole ou au confort élégant de l'électricité.

Une première innovation vint, en 1886, au secours de la compagnie du gaz : ce furent les becs « à récupération », ainsi nommés parce qu'ils retrouvaient en lumière une partie de leur chaleur, jusqu'alors inutile. On savait depuis longtemps que l'intensité de la flamme augmente avec la température de l'atmosphère dans laquelle elle brûle. De là l'idée de chauffer cette atmosphère par la combustion même du gaz. A la suite de plusieurs essais infructueux, on parvint à construire des appareils dans lesquels l'air ne pénètre et n'arrive au bec, enfermé dans une coupe de verre, qu'après avoir fait antichambre et longé d'étroits corridors de métal, où il est porté à 500 et 600 degrés de chaleur. Ce métal, qui remplit ainsi l'office de calorifère, est chauffé lui-même, gratis, jusqu'à 900 degrés centigrades, par la flamme du gaz au-dessus de laquelle il est placé. Grâce aux becs « à récupération », de noms et de systèmes divers, fonctionnant en plusieurs grandes artères de la capitale, — Paris en compte environ 3 000, — l'économie réalisée est de près de moitié sur les becs ordinaires. Mais si l'on obtient une lumière double pour le même prix, il n'est pas aussi vrai de dire que l'on ait pour moins d'argent la même lumière ; le procédé n'est pratique que pour les becs d'un gros débit et ne réalise son maximum d'économie qu'avec une consommation de 1 000 litres à l'heure. Applicable aux réverbères et aux grands espaces, cette découverte n'offrait donc aucun avantage aux logis privés.

Ce fut alors qu'apparut l'éclairage par incandescence, dont les becs Auer offrent le type le plus connu. Au lieu d'employer le gaz à éclairer, on l'empêche, au contraire, en le mélangeant avec trois fois son volume d'air, de produire de la lumière ; l'on en tire exclusivement *de la chaleur*, comme dans un fourneau, pour porter au blanc un corps qui devient aussitôt lumineux. Le difficile a été le choix de ce corps, qu'il fallait inoxydable et indécomposable par le feu. Une matière nouvelle, le *thorium*, offrit les qualités nécessaires. On ne le trouva tout d'abord que dans une seule mine, en Autriche. Aussi ce sable, sans valeur jusque-là, monta-t-il rapidement à des prix inouïs. Il fut vendu jusqu'à 10 000 francs le kilogramme. C'est que la compagnie Auer s'était engagée, par contrat, à acheter, au prix de 1200 francs le kilo, l'ensemble des quantités extraites dont le monopole lui était d'ailleurs réservé. De nouvelles mines ont été ouvertes depuis quelques années ; le thorium est descendu dans le commerce à 300 francs, et, comme il n'entre pas pour plus de 0 fr. 70 de ce métal dans le manchon qui constitue l'élément de l'incandescence, les concurrents se sont multipliés. Le bec Auer ou ses imitations, qui n'en diffèrent que par leur prix, ont fait une révolution dans l'éclairage. Ils ont réduit *au cinquième de ce quelle coûtait auparavant* la lumière du gaz : les dix bougies-heure se contentent de 20 litres au lieu de 105 ; la dépense, au lieu de 3 centimes, n'est plus que de 6 millimes.

Ces manchons, semblables à un bonnet de tulle blanc, dont le bec est coiffé, ont commencé par être de petites manches de coton où le bras d'un enfant passerait, quatre fois plus longs et plus larges qu'ils ne deviennent ensuite. Trempée, après des lavages énergiques, dans une dissolution d'eau et de thorium, cette manchette est séchée au feu, ficelée à l'un des bouts et dressée sur un moule qui lui donne la forme conique. Après quoi, il ne reste qu'à la *brûler*, en exposant le manchon pendant quelques minutes à une flamme très chaude. Tandis que le coton se consume, l'étoffe se raccourcit, se resserre, et se rétrécissant peu à peu, change en même temps de nature : de végétale elle devient minérale. L'opération terminée, ce que nous voyons n'est plus qu'une toile métallique, si frêle qu'une chiquenaude la réduirait en poussière. Par sa fragilité, ce tissu artificiel, auquel les fils du coton ont servi de carcasse et de support, fait penser à l'aile du papillon, mais d'un papillon qui ne se brûlerait pas à la chandelle ; incombustible au contraire, il se plaît dans le feu qu'il transforme en lumière, et en lumière d'autant plus vive, plus blanche et plus belle que la chaleur est plus intense.

La clarté d'un bec Auer, en effet, n'est pas jusqu'ici divisible. Il fournit 40 bougies pour 85 litres de gaz, mais si l'on prétendait le partager en 4 becs qui ne consommeraient que 21 litres, chacune de ces flammes isolées ne chaufferait pas assez son manchon pour procurer un éclat équivalent au quart de celui du type normal. Le progrès a donc ici réalisé une augmentation de luminaire plus encore qu'une diminution de dépense. L'abonné du gaz y a gagné beaucoup, la compagnie y a peu perdu. Qu'est-ce, au fait, que dix bougies, sinon l'éclairage dont les pauvres ne se contenteront pas demain ? C'était l'intensité de ces lanternes de la Révolution, bonnes tout au plus à pendre des aristocrates, dont M. de Sartines, le lieutenant de police, disait avec admiration, lorsqu'on les inaugura sous Louis XV, « qu'il n'était pas possible dépenser que l'on pût jamais trouver mieux. » En effet, cent ans avant, lorsque Mme de Maintenon réglait le budget de son frère, elle octroyait généreusement au ménage d'Aubigné 2 bougies par jour, coûtant dix sous, c'est-à-dire 1 fr. 90 de notre monnaie, somme équivalant, avec le bec Auer, à 3 000 bougies-heure ou 600 bougies brûlant pendant cinq heures.

Mais si le principe de l'incandescence ne supporte pas un fractionnement, d'ailleurs inutile, il se prête aune multiplication dont nous verrons bientôt les heureux effets ; en augmentant encore la dose d'air mélangé au gaz, on parvient à accroître sa puissance calorique, et, par suite, à doubler l'intensité d'éclat du manchon. Que cet air soit projeté dans le bec par une ventilation mécanique, suivant le procédé Denayrouse, ou qu'il soit insufflé sous forme d'air comprimé, produit par une société spéciale, la mise en œuvre prochaine de cette idée aura pour résultat de réduire à 3 millimes chez les particuliers, à un millime et demi dans les réverbères publics, la dépense des dix bougies-heure. Et ces chiffres s'abaisseront encore d'ici quelques années avec la réduction de prix du gaz !

Section V

Le hasard qui, au cours des dernières années, a si bien perfectionné l'usage des produits de la houille, n'a pas favorisé au même degré remploi de cette énergie mystérieuse que l'on appelle l'électricité. Tandis que la jaune lumière du gaz devenait blanche dans les becs Auer, la blanche lumière électrique devenait jaune dans les lampes Edison. En jaunissant elle plaisait aux femmes, surtout aux femmes entre deux âges, plus près du second que du premier, qui demeurent, comme on dit, « encore bien le soir. » Le soleil, et les lumières crues qui s'en rapprochent, s'harmonisent mal avec les plus jolies peintures sur peau humaine ; ils accusent malhonnêtement le plus humble nuage de poudre de riz. Du moment où l'électricité avait le savoir-vivre élémentaire de donner au teint féminin les tons qu'il fallait, elle pouvait être présentée dans le monde ; le beau sexe lui ferait accueil.

Et son suffrage était fort important pour un éclairage de luxe, comme celui des fils d'or magique, enfermés en des poires de verre, dont l'invention remonte à quinze années. Jusqu'alors on ne connaissait qu'une manière d'appliquer l'électricité à la production de la lumière : c'était de la faire jaillir entre deux baguettes de charbon, communiquant, l'une au pôle positif, l'autre au pôle négatif. Découverte en 1808 par Davy, grâce au courant issu d'une pile de Voilà, cette éblouissante étincelle fut nommée « arc voltaïque », et les appareils où elle brille aujourd'hui ont conservé le nom de « lampes à arc ». Il a fallu, pour les rendre pratiques, des efforts qui approchent du dernier terme du succès, sans toutefois l'atteindre encore. Voici trente ans à peine que, sur l'affiche des fêtes publiques, figurait orgueilleusement cette mention alléchante : « Lumière électrique ! » Déjà l'on obtenait avec économie, au moyen de machines spéciales, le courant d'abord fourni à grands frais par des piles encombrantes. Ces machines, M. Gramme les transforma (1869), et, utilisant les électro-aimants d'Arago et d'Ampère, construisit une merveille de rusticité, de rendement et de précision, le « dynamo », dont la puissance a décuplé de nos jours, sans que son organe essentiel ait varié.

La lumière ainsi produite, restait à trouver un moyen commode de s'en servir. Les deux charbons se consument comme des bougies à mesure qu'ils éclairent et, pour continuer à éclairer, il faut qu'ils conservent leur distance, que leurs extrémités se cherchent, s'approchent et ne se touchent pas. Faute d'un bon régulateur qui maintînt ce tête-à-tête perpétuel, d'où dépend la permanence de l'arc, un ancien officier russe, M. Jablochkoff, tourna la difficulté en accolant les charbons côte à côte dans les « bougies » qui portent son nom. L'effet était excellent, la dépense était trop forte ; l'électricité n'était pas assez « profitante » sous cette forme et la lampe à arc l'emporta définitivement sur le jablochkoff, lorsqu'un mécanisme ingénieux eut assuré sa marche. Ce mécanisme toutefois est incommode à dissimuler à cause de son volume, et l'armature compliquée de leviers et de freins, de vis, de taquets et de crémaillères est assez disgracieuse à l'œil.

De plus, la lampe à arc semblait ne convenir qu'aux vastes emplacements, où sa puissance se développait à l'aise : 330 bougies pour le moins, soit 6 *ampères*, — suivant le vocabulaire nouveau des électriciens qui viennent de créer une langue à leur usage et ont baptisé du nom de savants illustres, Watt, Ampère ou Volta, les mesures de ces forces naguère inconnues. — L'électricité ne put s'introduire à l'intérieur de nos logis exigus que fractionnée dans les lampes *à incandescence*. Edison remarqua qu'un fil fin, par lequel passe un courant trop fort, s'échauffe, rougit, prend un éclat intense, puis se consume, en s'oxydant au contact de l'air. Il en conclut que, si le fil, enfermé dans un vase de verre hermétiquement clos où l'on aurait fait un vide parfait, était ainsi soustrait à l'influence de l'oxygène atmosphérique, il éclairerait toujours et ne brûlerait jamais.

Telle est la théorie fort simple de ces *ampoules* — homonymes modernisées de la fiole de Reims, dont l'huile sainte sacrait les rois — où resplendit un filament de bambou, une fibre quelconque, animée par le passage vivifiant du courant électrique.

Ces lampes si faciles à allumer et à éteindre, si propres et n'exigeant aucun entretien, ne donnant ni chaleur ni fumée et se plaçant partout, incrustées au plafond, dissimulées derrière une boiserie ou accrochées à quelque motif architectural ; d'une plasticité, d'une bonne volonté inépuisable, irradiant ici le sein d'un bloc de cristal, d'une grappe de raisins jetés sur une glace en forme d'appliques, rampent et s'allongent plus loin en guirlandes, au sommet d'une porte, illuminent ailleurs un feuillage de bronze doré, se cachent sous un pli d'étoffe, derrière un rebord de vitrine, et savent, en faisant tout voir, ne se point montrer elles-mêmes.

Quoi d'étonnant à ce que ces lampes exquises dont les Parisiens, en 1889, ne possédaient pas plus de 20 000, soient aujourd'hui au nombre de 350 000 dans la capitale, et à ce que la consommation d'électricité ait passé en cinq ans, de 150 millions à 1740 millions de *bougies-heure* ? Ce qui est étonnant, au contraire, c'est que le progrès ne soit pas plus rapide, que le gaz continue à être 15 fois et le pétrole 4 fois plus répandu que l'électricité. Cet écart diminuera sans doute ; mais, tant que la lumière électrique demeurera plus coûteuse que celle du pétrole ou du gaz, malgré tous ses mérites, elle ne les remplacera pas. « Pour agir en habile homme, il faut parler de faire grand *éclairage* avec peu d'argent. »

Les avantages de l'électricité sont tels que, partout où elle s'est installée, elle a immédiatement vu venir à elle la clientèle de luxe, quel que fût le prix du gaz. A Londres, où le gaz coûte trois fois moins cher que chez nous, le chiffre des lampes électriques est, *proportionnellement à la population*, aussi élevé qu'à Paris.

Quoiqu'il soit plus économique de manger du cervelas et des pommes de terre frites que les poulardes de Bresse ou les huîtres d'Ostende, la consommation de ces dernières denrées n'est point arrêtée pour cela ; non plus que l'usage des fiacres n'a été supprimé par les omnibus, ni la location des voitures au mois par la concurrence des fiacres. Un petit groupe de citoyens peuvent régler leur dépense selon leur agrément ; mais la foule de la nation doit subordonner son agrément à sa dépense.

Un quart des appareils en marche appartient à des établissements qui possèdent des moteurs et produisent eux-mêmes leur courant : théâtres, gares de chemins de fer, grands magasins ou hôtels. Si, des abonnés aux six secteurs, entre lesquels est partagée la superficie de la capitale, on retranche les boutiques des quartiers riches, les bureaux des administrations, où l'on regarde moins à l'éclairage parce qu'il rentre dans les « frais généraux », il ne reste qu'un personnel très restreint de clients « bourgeois ». Par exemple, la plupart ont un chiffre d'ampoules à incandescence supérieur à celui des becs de l'abonné moyen du gaz. Il en est peu qui atteignent le total prestigieux des 5 000 lampes dont le prince Roland Bonaparte a doté son hôtel, le plus éclairé sans doute de Paris. Mais les détenteurs de 200 et 300 lampes ne sont pas rares ; seulement leur consommation journalière n'est nullement en rapport avec les facultés lumineuses dont ils n'usent qu'à intervalles éloignés, au lieu que le petit client de 3 ou 4 lampes s'en sert tous les jours.

C'est à acquérir ces petits clients que tendent les efforts des directeurs prévoyants et actifs de nos secteurs électriques, tels que M. de Tavernier sur la rive gauche ; M. Lalance sur la rive droite. Ils s'appliquent dans ce dessein à suivre les procédés qui ont réussi à la compagnie du gaz, en greffant à leurs frais sur les câbles de distribution les fils des particuliers timides. Ils feraient sagement aussi de réduire au minimum les frais accessoires qui incombent à l'aspirant-abonné, justement effrayé de la note copieuse qu'il devra payer chaque mois, avant d'avoir tourné le bouton d'un seul commutateur.

L'énergie électrique, qui porte à 2 500 degrés de chaleur ces fibres éclatantes que nous voyons dans les ampoules, se transporte de deux façons. Les câbles qu'elle parcourt peuvent être comparés, les uns à des tuyaux vastes, où l'eau s'écoule assez doucement, les autres à des tuyaux étroits où le liquide est chassé avec une force inouïe. Les uns et les autres ont leurs avantages suivant la distance à laquelle est située l'usine. Les seconds remplacent par une pression — en langage technique une « tension » — énorme ce que les premiers tiennent de leur puissant débit, de leur « intensité ». Ces deux sortes de courants ne sont pas fabriqués de la même façon par les dynamos : les courants faibles sont *continus*, leur pression est toujours la même ; les courants violents sont *alternatifs*, la pression cesse 42 fois par seconde et, autant de fois, la lampe s'éteint, *théoriquement* ; mais nos yeux ne perçoivent pas ce phénomène ultra-rapide, parce que l'incandescence acquise ne cesse pas. Au public ces divers modes de production importent peu ; d'autant que les courants trop vigoureux, qui feraient sauter les lampes et ne pourraient être introduits sans danger dans les habitations, sont transformés et réduits au vingt-septième de leur pression originelle — 110 volts au lieu de 3 000 — avant d'être livrés au consommateur.

Quoique la science électrique ait marché à pas de géant dans cette seconde moitié du siècle, quoique ce soit un spectacle assurément émouvant que celui de ces salles de grandeur médiocre, où l'on n'aperçoit que des moteurs tout communs, faisant tourner des rouleaux énigmatiques qui, de rien, tirent la clarté, de nouveaux progrès sont nécessaires encore à cette industrie pour qu'elle arrive à son développement normal. L'enfantement, viable, d'un seul de ces progrès, qu'elle porte en germe dans son sein, suffira pour amener aussitôt des modifications profondes : jusqu'ici l'on ne parvient à retrouver, *en éclairage, que un pour cent* de celui sur lequel on aurait le droit de compter. On sait que les autres 99 pour cent se perdent, et comment et à quel moment ; mais on ne peut pas les empêcher de se perdre.

D'abord c'est la machine à vapeur, qui gaspille les neuf dixièmes de l'énergie mécanique enfermée dans la houille ; infirmité commune à toutes les machines aujourd'hui en usage. Sur ces 10 pour 100 qui restent, on éprouve encore un déchet d'un dixième, par la transformation en puissance *électrique* de la force *mécanique*, recueillie sur l'arbre du moteur ; un second dixième s'évapore dans les canalisations. Des huit dixièmes enfin, qui parviennent jusqu'à la lampe, plus de sept disparaissent en chaleur et il ne reste pas un centième utilisé sous forme de *lumière*. Dans les lampes à incandescence, la quantité d'électricité qu'absorbe la production d'une chaleur inutile, au détriment de la clarté souhaitée, est beaucoup plus grande que dans les lampes à arc. De là vient la différence, signalée plus haut, entre le coût respectif des deux lumières.

Tous les modes d'éclairage imaginés par les pauvres hommes ont d'ailleurs ce vice commun de ne pouvoir éclairer sans chauffer, de laisser dériver eu calorique obscur, dont nous n'avons que faire, une portion plus ou moins notable de l'éclat qu'ils nous devraient donner. Une bougie durerait plusieurs centaines d'heures si son énergie était exclusivement employée en lumière. La nature est plus habile ; elle a le secret des clartés froides. Il n'est pas de lampe, à cet égard, qui puisse se comparer à l'humble ver luisant, dont le rendement lumineux est de 100 pour 100. Voilà un modèle que les savants d'aujourd'hui, par leurs travaux sur la phosphorescence, s'efforcent de suivre, sans prétendre l'égaler jamais. Que l'on découvre un nouvel appareil, que l'on perfectionne simplement les lampes actuelles, et l'électricité prendra un prodigieux essor. Déjà l'on fabrique des lampes à arc de moindre dimension et d'une intensité peu supérieure à celle du bec Auer. On charge des forces naturelles, comme les chutes d'eau, d'actionner les dynamos partout où la chose est possible. Que la transmission lointaine de ces forces devienne moins onéreuse, ou que les machines à vapeur actuellement usitées soient moins imparfaites, le prix de revient s'abaissera à des chiffres infimes.

Parmi les difficultés présentes que les entreprises d'électricité ont à surmonter, l'une des plus épineuses est l'irrégularité du travail. La durée moyenne de la consommation d'une lampe est de deux heures ; par conséquent le matériel n'est utilisé à *pleine charge* que pendant ces deux heures. Pour vendre bon marché, disent les secteurs électriques, il faudrait vendre beaucoup ; pour vendre beaucoup, répondent les Parisiens, il faudrait vendre bon marché. C'est aux vendeurs à sortir les premiers de ce cercle vicieux ; l'intérêt le leur commande. « L'hectowatt — équivalent à 30 bougies-heure dans les ampoules incandescentes — que nous faisons payer aux particuliers 12 centimes, sans y gagner nous-mêmes grand'chose, me disait le directeur d'une des compagnies électriques, nous pourrions le vendre, avec profit, 4 centimes seulement à la ville pour l'éclairage de telle voie publique, ou le céder même à 2 centimes et au-dessous aux sociétés de tramways qui voudraient s'en servir comme force motrice. »

Ces chiffres sembleront invraisemblables à ceux qui, ayant vu le bilan des sociétés actuellement existantes, y ont constaté que l'hectowatt distribué leur coûtait plus de 10 centimes. Mais les 10 centimes se décomposent ainsi : 2 à 3 centimes pour la production de l'électricité, 4 centimes pour les frais généraux, 3 centimes pour l'amortissement du capital, dans un délai très court, puisque les concessions expireront toutes avant une douzaine d'années, peu après celle du gaz. La fusion de toutes les compagnies électriques en une seule, et la concentration même de tout l'éclairage dans les mains d'une administration unique, aurait à cette époque de grands avantages : ainsi les usines à gaz ont beaucoup de chaleur perdue, avec laquelle elles pourraient produire de la force à bon marché.

Cette force, les secteurs actuels pourraient la livrer aussi aux 90 000 façonniers de Paris, qui se serviraient avec succès d'une puissance mécanique pour actionner leurs outils ; déjà, dans les magasins de nouveautés, toutes les machines à coudre sont mues par l'électricité. Le champ est si vaste, les emplois, en dehors de l'éclairage, sont si variés, que l'on ne peut *aucunement* fixer le coût de l'électricité dans l'avenir, voire dans un avenir très proche, puisque ce coût diminuera des trois quarts, des neuf dixièmes peut-être, suivant l'augmentation du débit, et que les conditions, soit *technicités*, soit *économiques*, de cette industrie si jeune, sont susceptibles d'être révolutionnées d'un instant à l'autre, dans un sens favorable.

Dans le présent, qui seul nous occupe, l'électricité est déconcertée par la concurrence du gaz, ce rival qu'elle croyait vaincre sans peine, et paralysée par les difficultés de sa propre exploitation. Il lui manque, pour régulariser sa marche, un bon réservoir, frère du gazomètre, où emmagasiner l'éclairage pendant que l'abonné s'éclaire peu ou point. Les dynamos ressemblent à des vaches dont le lait se perdrait, faute d'être tiré, et que leurs propriétaires ne pourraient cependant traire qu'en partie, faute de savoir comment vendre leur lait à mesure qu'elles le produisent, ou comment le conserver en attendant les acheteurs. Il existe bien des vases où mettre l'électricité sans emploi immédiat : ce sont les *accumulateurs*, mais ils sont très défectueux, ils fuient. On n'y retrouve, en général, pas plus des deux tiers de la force qu'on leur donne à garder. La plupart des administrations électriques s'en servent, néanmoins, ne fût-ce que pour alimenter la clientèle de minuit à midi, pendant l'arrêt des machines. Mais on conçoit de quelle importance sentit la découverte d'un récipient vraiment pratique.

Section VI

Le gaz et l'électricité sont confinés dans les agglomérations urbaines ; rien ne s'oppose pourtant à ce qu'un jour nos descendants voient les tuyaux ou les câbles rayonner des centres populeux jusqu'aux plus minces bourgades, et enchevêtrer leurs réseaux sur toute l'étendue des territoires civilisés. D'autres sources de lumière leur font déjà concurrence ; les Américains, dans les districts pétrolifères des États-Unis et quelques villages des Pays-Bas, au nord de la Hollande, s'éclairent gratis avec le « gaz d'eau ». Cet hydrogène carboné, fourni par la nature, arrive à la surface de la terre mélangé avec l'eau de puits artésiens d'une profondeur variable. Il suffit de recueillir le liquide, assez semblable à de l'eau de Seltz, sous une cloche où le gaz se concentre et au sortir de laquelle, séparé de l'eau qui s'est écoulée latéralement, il se laisse guider par une canalisation ordinaire sur les becs qui le consumeront. A Murraysville, en Pensylvanie, un seul puits débite ainsi 300 000 mètres cubes par 24 heures. Ces gaz d'eau sont pauvres, mais on leur pardonne volontiers de ne pas avoir, *à volume égal*, autant d'éclat que le gaz de houille, et l'on est quitte pour en brûler davantage, ce qui ne devient jamais ruineux, puisque ce luminaire spontané ne coûte rien.

Les Français, qui n'en possèdent pas, se sont vivement intéressés à la découverte d'un nouveau gaz artificiel, l'*acétylène*, dont on ne peut prédire les destinées, parce qu'il achève son éducation dans les laboratoires, et que ses auteurs, tuteurs ou parrains, mal fixés encore sur ses défauts et ses mérites, ne le prônent qu'avec mesure. M. Berthelot avait, il y a trente ans, trouvé l'acétylène, en combinant directement de l'hydrogène avec du charbon. Ce fut une des belles synthèses du grand chimiste, qui détermina plus tard les propriétés de ce gaz, — il en a de curieuses, celle par exemple de se transformer en alcool, — mais sans chercher à en tirer parti pour l'éclairage.

MM. Moissan et Violle, en se servant, il y a quelques années, de fours électriques dont la température était portée jusqu'à l'élévation invraisemblable de 3 000 degrés, obtinrent, par la simple réaction du charbon sur la chaux, un corps noirâtre, semblable à du coke, le « carbure de calcium ». Plongez un morceau de cette matière dans un flacon plein d'eau, aussitôt elle se décompose ; carbure et calcium s'en vont chacun de leur côté, suivant leurs affinités respectives. Le feu les avait unis, l'eau les sépare. Le liquide abandonne son oxygène au calcium, qui forme avec lui de la chaux, et passe du noir ardoisé au blanc crayeux, pendant que le carbure, se mariant avec l'hydrogène de l'eau, devient l'acétylène. Celui-ci, pour peu qu'on approche une allumette de l'orifice du flacon, brûle avec une flamme superbe. C'est un gaz très *riche* ; un mètre cube d'acétylène éclaire quinze fois autant qu'un volume semblable de gaz ordinaire. Une destination naturelle du nouveau luminaire est de s'allier, dans la proportion de 2 ou 3 pour 100, aux produits de la houille pour augmenter leur intensité. Déjà il s'est substitué au gaz portatif pour l'éclairage des wagons de chemins de fer. Nécessitant un emmagasinement moindre, il joue, dans l'approvisionnement de clarté, le rôle du bouillon concentré dans l'alimentation.

Son succès chez les particuliers dépendra surtout de son prix. Suivant que les 500 bougies-heure, auxquelles correspond un kilogramme de carbure de calcium transmué en gaz, coûteront, avec l'acétylène, plus ou moins qu'avec les systèmes actuels, cet éclairage demeurera une curiosité de dilettante ou se répandra au contraire dans le public. Pour chauffer les fours, il faut une force énorme d'électricité, laquelle exige une grosse dépense de charbon lorsque les dynamos sont mus par des machines à vapeur. Le carbure de calcium se vendait, à l'origine, 18 francs le kilo ; il vaut maintenant 3 fr. 50 à l'état *absolument pur*, seul convenable aux lampes ingénieuses qui fabriquent elles-mêmes leur gaz à mesure qu'elles l'emploient. Les 10 bougies-heure reviennent alors à 7 centimes, trois fois plus qu'avec le pétrole, onze fois plus qu'avec le bec Auer. Mais si, au lieu de cuisiner son gaz sur sa table, on mélange le carbone à l'eau, dans une sorte de gazomètre communiquant par des tuyaux avec les différentes pièces de l'habitation, on peut se servir de matières moins raffinées, que les pays où les forces électriques sont gratuites, comme la Suisse, offrent pour 0 fr. 25 le kilo. Le carbure de calcium à ce prix fournit les 10 bougies à un demi-centime par heure ; dans ces conditions, il remplacerait avec avantage, du moins à la campagne, pour les châteaux et les usines, les luminaires jusqu'ici adoptés. Certains manoirs écossais en furent largement pourvus l'an dernier, au moment de la chasse aux grouses, et leurs hôtes s'en trouvèrent bien. Le chiffre de 0 fr. 25 n'est peut-être pas, du reste, le dernier terme du progrès ; le charbon et la chaux qui composent ce produit chimique sont si peu coûteux que, du jour où la fabrication aurait pris quelque essor, l'acétylène arriverait à un bon marché dérisoire.

L'usage de ce gaz économique n'aurait-il aucun inconvénient ? Il avait passé pour toxique ; des expériences récentes ont démontré qu'il était calomnié. Les fuites, quand il s'en produit, ne flattent pas l'odorat, du moins l'odorat des gens du nord ; elles ont un parfum d'ail très prononcé ; mais ces émanations sont moins dangereuses que celles du gaz ordinaire. En peut-on dire autant d'un autre péril : celui des explosions ? Elles sont, affirment les partisans de l'acétylène, moitié moins à craindre qu'avec le gaz de houille ; mais ceci mérite confirmation. Un savant, qui connaît à fond la substance nouvelle, à la création de laquelle il a largement contribué, m'a confié que la présence d'un mètre cube d'acétylène, dans la maison qu'il habite, suffirait pour l'inciter à déménager. La prudence portera donc nos concitoyens à attendre des expériences concluantes.

D'autres tentatives sont faites pour utiliser les manchons incandescents avec le pétrole ou l'alcool. L'alcool fait des ravages si profonds dans les estomacs contemporains, que tout philanthrope le verrait avec plaisir illuminer plutôt, à l'extérieur, ceux qui trop souvent ne « voient trente-six chandelles », suivant le dicton vulgaire, que par son absorption interne. Il ne semble pas, du reste, que le problème soit résolu : l'incandescence par l'alcool n'est pas inoffensive et son éclairage est inconstant : lorsque le niveau baisse, dans le vase où baigne la mèche enflammée, la chaleur décroît et la clarté du manchon tombe de 50 bougies à 10. Ces efforts multiples pour éclairer de tant de façons et avec tant de corps, solides, gazeux ou liquides, témoignent de l'activité des concurrents qui se pressent, se poursuivent et se devancent tour à tour.

Le pétrole continue à tenir la tête, partout où il n'y a ni électricité ni gaz. Il trône soit dans des appareils construits exprès pour lui, soit sur les débris des lampes à huile, veuves de leur mécanisme arraché, au sommet desquelles il installe triomphalement son récipient de verre ou de métal. Cette combinaison, à dire vrai, n'est pas prodigieusement artistique, et l'imagination de nos constructeurs aura sans doute à s'exercer là-dessus. Une forme aplatie est nécessaire au réservoir de pétrole ; l'alimentation de la flamme ne s'effectuant que par la capillarité de la mèche, l'ascension de l'huile minérale à travers les fibres du coton ne peut dépasser une certaine hauteur. Avec un vase trop profond, la lampe aurait peu d'éclat et finirait par s'éteindre.

Cet aspect peu gracieux, qu'une disposition nouvelle suffira à pallier et dont la majorité des consommateurs ne souffre guère, n'empêche pas le pétrole de rendre des services partout appréciés. Egalement en honneur chez les riches et chez les pauvres, il éclaire, dans la capitale, des appartements de 20 000 francs et dans le « plat pays », des chaumières de 70 francs de loyer annuel, où la « suspension » de porcelaine blanche, accrochée aux solives du plafond, a remplacé la chandelle et la torche. La consommation du pétrole, dont l'introduction ne remonte guère au-delà d'une trentaine d'années, était en 1867 de 18 millions de kilos. Elle atteignait 113 millions en 1883 ; elle est aujourd'hui de 230 millions de kilos — 65 milliards de bougies-heure — et, n'étaient les droits énormes qui la grèvent, elle aurait pris sans doute un bien autre développement, puisque la quantité moyenne, employée par tête, est, en Belgique, 4 fois, et à Berlin 5 fois plus forte qu'en France. Il est vrai que les Bruxellois paient 15 centimes le litre que les Parisiens paient 50 centimes.

Scandalisés par cette différence, quelques badauds ont voulu en rendre responsables nos raffineurs de pétrole, qu'ils ont accusés de l'accaparer pour le faire enchérir. L'opinion témoignait d'une assez belle ignorance des conditions dans lesquelles l'huile minérale est extraite du sol, voiturée, distillée et finalement offerte au public. Cette marchandise forme, à l'intérieur du globe, une mer souterraine dont l'étendue est si vaste qu'on ne peut prétendre la délimiter. En dehors des Etats-Unis et de la Russie, qui semblent jusqu'ici plus favorisés, la géographie du pétrole comprend, dans le nouveau continent, le Canada, les Antilles, le Venezuela et le Pérou ; on le trouve en Australie, en Chine, au Japon et dans les îles de la Sonde, en Perse et aux Indes. Les ingénieurs évaluent à 500 000 kilomètres — superficie de la France — la partie du Turkestan dont la richesse en huile est parfaitement avérée. Quoique l'Europe soit, à cet égard, moins bien partagée que l'Asie, la Roumanie et la Galicie sont capables de faire concurrence aux districts pétrolifères de Bakou, la ville sainte des anciens Guèbres, adorateurs du feu.

On n'a donc pas à craindre de voir s'épuiser la réserve de ces liquides bitumineux, qui se rencontrent à tous les étages de la voûte terrestre. Depuis le commencement du siècle jusqu'à 1860, la Russie seule exploitait le pétrole et à bien faible dose. Sa production ne dépassait pas 4 millions de kilos par an. Vers cette époque l'Amérique entre en scène. Le forage du premier puits par le colonel Drake, à Titusville, petit village de Pensylvanie composé de maisons en planches, est demeuré légendaire. Le pétrole date de ce moment son histoire, déjà contée ici même et qui abonde en curieux épisodes. La production des États-Unis était, en 1860, de 200 barils par jour ; elle est aujourd'hui de 150 000 barils ; celle de la Russie est quotidiennement de 95 000 barils. Les puits de ces deux pays ont un rendement annuel d'une *douzaine de milliards de kilos* de pétrole, dont notre petite consommation indigène absorbe seulement le cinquantième.

Cette huile était jadis, au sortir des puits, enfermée dans des barils de chêne qui devaient la conduire à destination. Aux barils on substitua des citernes en bois, de 10 000 à 15 000 litres de contenance, que l'on fixait sur la plate-forme des wagons de chemin de fer. Celles-ci furent à leur tour remplacées par des cylindres en tôle ; et comme ces procédés primitifs ne répondaient plus aux développements de l'industrie, on construisit peu à peu le réseau de *pipes-lines*. Les tuyaux partent des réservoirs, placés auprès de chaque puits, et vont se réunir à une première station. Le pétrole s'écoule tout seul, lorsque la pente du terrain le permet ; sinon des pompes se chargent de le faire marcher. A la station, le diamètre des tuyaux augmente et le liquide continue sa route, tantôt refoulé mécaniquement, plus rarement livré à lui-même. Les deux compagnies qui opèrent ce transport possèdent ensemble 12 000 kilomètres de canalisations, qui traversent les champs, suivent les rues des villes, passent au-dessus ou au-dessous des routes.

Et comme certaines lignes ont 170 kilomètres de longueur, on les divise en 3 ou 4 sections, munies chacune d'un réservoir où le liquide arrive poussé par la pompe de la station précédente, et d'où il est puisé, par une pompe nouvelle, qui l'expédie à 45 kilomètres plus loin. Aux ports d'embarquement les tuyaux se vident dans des navires-citernes, divisés en compartiments étanches, où se logent 350 000 litres d'huile. A leur arrivée à Rouen, centre principal de la raffinerie française, d'autres pompes reprennent ces pétroles et les véhiculent jusqu'aux usines.

Ces matières encore brutes vont, par une série de distillations et d'épurations dans des chaudières en fonte, se décomposer en produits variés, propres à divers usages commerciaux. On en retire, sous l'action de la chaleur, d'abord 2 pour 100 d'éther et de gazoline, 9 pour 100 d'essence minérale, à l'usage de ces petites lampes à éponge, dont il s'est vendu 500 000 par an pendant quelque temps et dont l'économie compense mal les dangers ; puis 7 pour 100 de benzine, ou essence plus lourde que la précédente, propre au dégraissage et à la dissolution du caoutchouc. Vient alors le pétrole- d'éclairage, dans la proportion de 70 pour 100. Cette huile *lampante* est celle de la consommation ordinaire ; certains industriels la raffinent à nouveau et tirent de son « cœur » des produits vendus en bidons spéciaux, sous des noms qui constituent pour eux une marque de fabrique — luciline, oriflamme, saxoléine. — Ces pétroles de luxe, cotés à un prix plus élevé, et que des demoiselles aux attitudes serpentines recommandent au public sur les affiches de certains fabricants, exigent des frais accessoires de ferblanterie et de réclame assez élevés. Ils ne représentent que le cinquième au plus de la vente des grandes maisons. Outre l'essence et l'huile, on retire aussi du pétrole brut 1 pour 100 de *paraffine*, propre à se transformer en bougie, et 2 pour 100 de coke. Le reste se perd en gaz, déchets ou évaporations quelconques.

Nous n'avons en France aucune usine comparable de bien loin aux sociétés pétrolières des Etats-Unis, à cette *Standard oil*

Company, par exemple, au capital d'un milliard de francs bientôt, dont le directeur, M. Rockenfaller, a débuté dans la vie comme aide-charcutier, et qui raffine aujourd'hui les quatre cinquièmes du pétrole américain. Cette organisation colossale ne peut cependant dominer le marché de l'univers, parce que les huiles russes rivalisent avec elle et que, de l'autre côté de l'Atlantique, les fabricants libres, les outsiders comme on les appelle, lui échappent.

A l'intérieur de nos frontières les distillateurs de pétrole, loin d'être investis d'un monopole, sont seulement protégés par un écart de 3 francs par 100 kilos, entre le droit de douane des huiles brutes et celui des raffinées. Cette différence a été jugée suffisante pour leur permettre de travailler et de réaliser des bénéfices. S'ils prétendaient se coaliser pour hausser les prix de vente, les pétroles raffinés au dehors entreraient aussitôt sur notre sol et les ruineraient. Si l'un d'entre eux voulait au contraire abaisser son prix, pour s'emparer de la clientèle de ses confrères, la lutte ainsi organisée aboutirait à la faillite des moins riches et au triomphe de deux ou trois maisons exceptionnellement solides. Aussi les raffineurs français, au nombre d'une vingtaine, se sont-ils entendus pour régler leur production respective sur la demande indigène. Entente précaire à la vérité, souvent dérangée par les ambitions des nouveaux venus, et qui d'ailleurs ne peut majorer sensiblement les cours.

Le pétrole, coté à l'état brut 4 centimes le litre, au sortir des puits américains, se vend 0 fr. 15 sur le libre marché de la Belgique, où il n'existe aucune sorte d'impôts. L'augmentation représente les frais de transport, de raffinage et le gain des différents intermédiaires. Avec la taxe de 0 fr. 10, à l'entrée en France, et de 0 fr. 22 à l'octroi de Paris, il se trouve porté à 0 fr. 48. L'ouvrière parisienne, qui allume sa lampe cinq heures par jour, paie de ce chef 19 francs par an de contribution, les deux tiers du prix de son éclairage total. Après avoir mesuré le chemin parcouru dans cette marche vers la lumière, je n'aurai pas le cruel pessimisme de rappeler qu'il est des jouissances dont la nouveauté fait tout le charme et dont l'ignorance ne causait nulle privation. Le 1er mai, jour de la fête du roi, sous le règne de Louis-Philippe, on illuminait la rue de Rivoli, et le peuple, pour l'admirer, s'y portait en foule. Or l'illumination consistait à allumer un réverbère sous chaque arcade, ainsi qu'on le fait aujourd'hui chaque soir. Nos devanciers n'ont pas souffert de leur obscurité ; pour que nos successeurs jouissent longtemps de leur lumière, il faudra qu'ils multiplient sans cesse son intensité. Il n'y a pas plus de dix ans, lorsque la compagnie du gaz alluma pour la première fois les becs à récupération que nous voyons dans la rue du Quatre-Septembre, les riverains, inquiets, se mirent aux fenêtres, croyant à un incendie. Les bougies Jablochkoff, auxquelles on reprochait d'abord de « crever les yeux », sont bien dépassées par l'éclat des nouvelles lampes à arc, qui sembleront pâles demain.

Le domaine de l'éclairage artificiel n'est-il pas extensible à l'infini ? Les savants ont calculé que celui dont Paris dispose, est *dix mille fois* moindre que la quantité de lumière solaire, normalement répandue dans la ville. Avant de s'éclairer *a giorno*, comme on dit, il y a donc pas mal à faire. Le malheur serait que certaines lumières futures ne convinssent pas à notre vue ; les oculistes constatent qu'il existe maintenant de nouvelles maladies des yeux, et il ne manque pas de physiciens pour affirmer que notre rétine n'est pas construite de manière à se laisser traverser sans danger par les rayons électriques. Ces rayons eux-mêmes parfois nous échappent ; témoin ceux que l'on vient de découvrir, plus clairvoyants que nos yeux et que nos yeux pourtant ne voient pas. Nous créons des lumières, au regard desquelles nous demeurons aveugles.

A quoi nous servirait-il de trouver la merveilleuse lampe d'Aladin, sans la formule qui permet de l'utiliser ? Ne nous attristons pas trop toutefois ; confions-nous au « Génie de la lampe ». Nos pères les plus ambitieux « demandaient la lune », et jamais personne ne la leur donna. Qu'en eussent-ils fait d'ailleurs ? Nos fils, plus hardis encore, demanderont un jour le soleil et, qui sait ? — il n'est tel, pour réussir, que former de grands souhaits, — on leur en départira quelque morceau peut-être.

ISBN : 978-1979679404